Monika
Gänsler

Ländliche Herbstwelt

Motive aus Holz

Welcome

Abbildung Seite 1

Motivgröße

ohne Aufhängung ca. 18 cm x 22 cm

Material

- Sperrholzrest, 6 mm stark
- Sperrholz, 1 cm stark, 20 cm x 20 cm
- Bastelfarbe in Mittelbraun, Taubenblau, Scharlachrot, Hautfarbe, Schwarz, Weiß, Olivgrün, Gelbocker und Schilf
- Bindedraht, ø 0,65 mm und 1,4 mm
- Bohrer, ø 1,5 mm und 3 mm

Vorlagenbogen 1A

Sägen Sie den Igel mit Schild, den Arm und das Bein aus dem dicken und das Herz und die Blätter aus dem dünnen Sperrholz aus.
Malen Sie alles wie abgebildet an, das Weiß benötigen Sie dabei für den Wangenfleck.
Bohren Sie nach dem Trocknen wie auf der Vorlage angegeben alle Löcher in das Sperrholz. In die Hand kommt dabei eine seitliche Bohrung. Kleben Sie dann den Arm und das Bein fest. Hängen Sie das Herz an ein Stückchen dünnen Bindedraht, stecken Sie diesen durch die Handbohrung und locken Sie die Drahtenden. Biegen Sie aus dem dicken Draht eine Aufhängung und hängen Sie den Igel daran.

Fotos: frechverlag GmbH, 70499 Stuttgart;
Fotostudio Ullrich & Co., Renningen

Dieses Buch enthält:
4 Vorlagenbogen

Auflage: 5. 4. 3. 2. | Letzte Zahlen
Jahr: 2007 2006 2005 2004 2003 | maßgebend

ISBN 3-7724-3159-3 · Best.-Nr. 3159

frechverlag GmbH, 70499 Stuttgart
Druck: frechdruck GmbH, 70499 Stuttgart

Liebe Leserinnen und Leser,

wenn sich die Blätter verfärben und es draußen langsam kalt und ungemütlich wird, dann ist es an der Zeit, sich um die Herbstdekoration zu kümmern.

Wie wäre es, wenn Sie in diesem Jahr mal zu einer Laub- oder Dekupiersäge greifen und sich an diesen niedlichen Holzmotiven hier im Buch versuchen? Das macht nämlich riesigen Spaß und geht viel leichter, als es aussieht!

Bald bevölkern der tierische Schirmständer, die witzigen Gespenster oder die kleinen Hexen auch Ihre Wohnung – und versetzen Sie und Ihre Besucher in Begeisterung. Suchen Sie sich Ihr Lieblingsmotiv aus – schon kann der Sägespaß beginnen!

Dabei wünsche ich Ihnen viel Freude!

Ihre

Monika Gänsler

Hinweise

Der 1,4 mm starke Bindedraht ist unter dem Namen Rödeldraht im Baumarkt erhältlich!

Als „Rest" bezeichne ich immer ein Holzstück, das maximal A5 groß ist.

Materialien

Folgende Materialien benötigen Sie für viele Ihrer Modelle:

- Pappel-Sperrholz, 6 mm, 8 mm und 1 cm stark
- Geglühter Bindedraht, ø 0,35 mm, 0,65 mm und 1,4 mm
- Schleifpapier, Körnung z. B. 80 und 120
- Pauspapier, Schneider-Kopierpapier
- Transparentpapier
- Klebefilm
- Bleistift
- Matte Acryl- oder Bastelfarbe
- Krakelier-Lack
- Dünner, schwarzer Stift (wasserfest)
- UHU Alleskleber Kraft
- Evtl. Sprühlack
- Drahtnägel, ø 1,3 mm, 20 mm lang
- Schrauben (Senkkopf), ø 3,5 mm, 30 mm lang

Werkzeuge

Diese Werkzeuge sollten Sie für Ihre Holzarbeiten zur Hand haben:

- Laub- oder Dekupiersäge (mit Sägeblättern für Holz)
- Bohrer (Spiralbohrer), ø 1,5 mm, 2 mm, 3 mm, 4 mm und 4,5 mm
- Bohrmaschine
- Evtl. Schraubzwinge
- Feile
- Breiter Borstenpinsel
- Schmaler Pinsel
- Heißklebepistole
- Seitenschneider
- Spitze Rundzange
- Evtl. Kreis- und Ellipsenschablone für die Augen
- Hammer

So geht es

1. Legen Sie einen Bogen Pauspapier auf das Sperrholz und darüber den Vorlagenbogen. Fixieren Sie beide mit Klebestreifen. Ziehen Sie dann das Motiv mit allen Innenlinien mit einem Bleistift nach.
Die Einzelteile werden mit etwas Abstand zum Motiv extra aufgezeichnet. Dazu lösen Sie den Vorlagenbogen und ggf. das Pauspapier ab und kleben alles mit etwas Versatz wieder fest. Achten Sie bitte darauf, dass die Teile nicht überlappen!

2. Sägen Sie nun das Motiv mit einer Laub- oder Dekupiersäge sorgfältig aus. In den Ecken sägen Sie am besten auf der Stelle und drehen dabei das Motiv langsam. Sie können aber auch mit einem dünnen Bohrer ein kleines Loch in die Ecke bohren, das Sägeblatt dort einführen und so leichter die Ecken aussägen.
Glätten Sie alle Kanten mit einer Feile und Schleifpapier.

3. Nun bemalen Sie die Holzteile mit Acrylfarbe oder einer anderen für Holz geeigneten Bastelfarbe und lassen sie trocknen.
Für den zarten, transparenten Anstrich habe ich die Farben stark mit Wasser verdünnt. Kräftige Farbakzente, wie z. B. die Stacheln beim Igel (Seite 1), habe ich durch unverdünntes Auftragen der Bastelfarbe erzielt.
Nach dem Trocknen ziehen Sie die Augen und die Innenlinien mit einem dünnen schwarzen Stift nach, malen das Weiß der Augen mit einem Edding aus und bohren die benötigten Löcher. Der freche Rabe hier braucht z. B. ein Loch für seine Haarpracht, in das Sie eine Drahtlocke kleben.
Kleben Sie alle Einzelteile mit UHU Alleskleber Kraft oder der Heißklebepistole zusammen.

Tipps und Tricks

Hinweise zum Holz

Pappel-Sperrholz ist besonders gut für diese Laubsägearbeiten geeignet. Falls Ihnen 1 cm starkes Sperrholz zu dick ist, können Sie auch dünneres Sperrholz verwenden. Achten Sie immer darauf, dass Ihr Sperrholzstück nicht zu knapp bemessen ist. Ein etwas größeres Stück lässt sich beim Aussägen besser festhalten und ist dadurch sicherer zu handhaben. Die Angaben in diesem Buch sollten Sie mindestens einplanen.

Kanten nutzen

Ein im Baumarkt zugeschnittenes Stück Sperrholz besitzt sehr gerade Kanten und rechtwinklige Ecken. Nutzen Sie dies für die Standfläche oder auch Standteile.

Das Bemalen der Modelle

Um ein Ineinanderlaufen der Farben zu vermeiden, sollte die erste Farbe richtig trocken sein, bevor die nächste aufgetragen wird.
Wenn die Rückseite Ihres Motivs genauso hübsch wie die Vorderseite aussehen soll, müssen Sie alle Innenlinien spiegelverkehrt auf die Motivrückseite übertragen. Dazu pausen Sie das Motiv mit allen Innenlinien mit Bleistift vom Vorlagenbogen auf Transparentpapier ab, legen dieses mit der bemalten Seite nach unten auf die Rückseite des bereits ausgesägten Motivs und ziehen die aufgemalten Innenlinien nach. So überträgt sich der Grafit der Bleistiftlinien auf das Sperrholz.
Es empfiehlt sich, die schwarzen Innenlinien vor dem Ankleben der Einzelteile zu ergänzen.
Sollten Sie beim Bemalen Innenlinien übermalen, ist das auch nicht schlimm. Übertragen Sie dann einfach das Motiv auf Transparentpapier, ziehen Sie die Linien mit Bleistift auf der Rückseite nach und legen Sie das Transparentpapier dann auf das Motiv. Wenn Sie jetzt die Linien noch einmal nachfahren, dann überträgt sich der Bleistift-Grafit von der Rückseite des Transparentpapiers auf das Motiv und Sie können die Innenlinien mit dem schwarzen Stift nachziehen.
Für einige Wangen mischen Sie Weiß mit etwas Rot und tragen zum Schluss einen kleinen, weißen Pinselstrich auf. Auch die Augen und einige Nasen erhalten weiße Lichtflecken.
Einige kleine weiße Flächen, wie z. B. die Augen oder Zähne, können Sie auch mit einem dünnen weißen Stift, z. B. Edding, aufmalen.
Zum Aufmalen der Augen oder Nasen können Sie auch eine Kreis- oder Ellipsenschablone verwenden.

Das Arbeiten mit Krakelier-Lack

Wenn Ihr Motiv antik wirken soll, müssen Sie mit Krakelier-Lack arbeiten. Durch den Krakelier-Lack entstehen feine Risse in der Farbe und die Modelle wirken alt.
Grundieren Sie Ihr Holzteil zuerst mit der gewünschten Grundfarbe und lassen Sie es trocknen. Dann bestreichen Sie es mit Krakelier-Lack. Wenn auch dieser getrocknet ist, bemalen Sie das Motiv wie abgebildet. Tragen Sie die Farbe zügig und möglichst in einer Richtung auf. Die kleinen „Risse" werden dann relativ schnell sichtbar.
Ich habe immer feinrissigen Krakelier-Lack verwendet.

Das Zusammenkleben der Motive

Zum Ankleben einzelner Holzteile habe ich die Heißklebepistole oder UHU Alleskleber Kraft verwendet. Beide Klebstoffe trocknen schnell. Dadurch lässt sich ein Verrutschen der einzelnen Teile vermeiden.

Das Anbringen eines Modells auf einer Bodenfläche

Normalerweise können Sie Ihr Motiv mit der Heißklebepistole auf die Bodenfläche kleben. Achten Sie darauf, dass das Motiv im rechten Winkel zur Bodenfläche angeklebt wird.
Alternativ können Sie das Modell auch von der Unterseite der Bodenfläche her festschrauben. Dazu durchbohren Sie die Bodenfläche im Bereich der vorgesehenen Klebefläche zweimal, bohren dementsprechend das Motiv mit einem Bohrer vor und schrauben dann von unten durch die Bodenfläche das Motiv fest.

Verzieren der Motive mit Stoffen

Besonders hübsche Stoffe für das Ausschmücken der Motive finden Sie bei Patchwork-Stoffen!
Für das Übertragen der Stoffteile legen Sie ein Stück Kopierpapier auf den Stoff und darüber den Vorlagenbogen. Zeichnen Sie mit einem Stift die Kontur des gewünschten Stoffteilchens nach, nehmen Sie den Vorlagenbogen und das Kopierpapier ab und schneiden Sie das aufgezeichnete Stoffteilchen aus.
Sie können aber auch ein Stück Transparentpapier auf den Vorlagenbogen legen und die Konturen des gewünschten Stoffteilchens nachziehen. Dieses Transparentpapier kleben Sie auf ein Stück Pappe, schneiden es aus und schon haben Sie eine Schablone. Legen Sie die Schablone auf Ihren Stoff, umranden Sie sie z. B. mit einem Kugelschreiber und schneiden Sie das Stoffteilchen aus.

Drahtlocken

Für schöne Drahtlocken wickeln Sie die Drahtenden um einen runden Gegenstand, z. B. einen Pinselstiel.

Schutz gegen Feuchtigkeit

Zum Schutz gegen Feuchtigkeit besprühen Sie Ihr Motiv mit Sprühlack.

Ich bin die kleine Hexe

Sägen Sie die Hexe, den Arm und die Standfläche aus dem dicken und die Eule, deren Schnabel und das Gespenst aus dem dünnen Sperrholz aus.
Bemalen Sie alles wie abgebildet. Geben Sie dabei für die Nasenspitze der Hexe etwas Scharlachrot in die noch feuchte Hautfarbe. Nach dem Trocknen führen Sie die seitliche Bohrung in der Hand und die Bohrung für das Gespenst aus. Setzen Sie die Eule zusammen und kleben Sie diese und den Arm an. Stecken Sie ein Stück dicken Bindedraht in die seitliche Bohrung des kleinen Gespenstes und fixieren Sie ihn dort. Das ca. zur Hälfte gelockte Drahtstück führen Sie durch das seitliche Loch der Wand und drehen den restlichen Draht zu Locken. Legen Sie den Stoffstreifen zusammen und umwickeln Sie ihn oben mit dünnem Bindedraht. Führen Sie dann die Enden des dünnen Bindedrahts durch die Knopflöcher des kleinen Knopfs, drehen Sie die Drahtenden zu Locken und verzieren Sie damit die Mütze der Hexe. Schmücken Sie dann das Kleid der Hexe mit einem Flicken und dem Knopf, durch den Sie vorher von hinten ein Stück dünnen Bindedraht gesteckt, diesen vorne verzwirbelt und dann dessen Enden zu Locken gedreht haben.
Zum Schluss kleben Sie die Hexe auf die Standfläche.

Mein Tipp
Wenn Sie wollen, können Sie den Schnabel der Eule auch einfach nur aufmalen.

Motivgröße
ca. 35 cm x 40 cm

Material
- Sperrholzrest, 6 mm stark
- Sperrholz, 1 cm stark, 55 cm x 50 cm
- Bastelfarbe in Antikblau, Weiß, Gelbocker, Mittelbraun, Scharlachrot, Orange, Antikgrün, Schwarz und Hautfarbe
- 1 Knopf in Rot, ø 6 mm
- 1 Knopf in Perlmutt-Olivgrün, ø 2 cm
- Stoffstreifen, 1 cm x 24 cm
- Stoffrest, 3 cm x 2,5 cm
- Bindedraht, ø 0,35 mm und 0,65 mm
- Bohrer, ø 1,5 mm
- Edding in Weiß

Vorlagenbogen 2A und 4B

Herbstzeit – Kürbiszeit

Sägen Sie die beiden Einzelblätter aus dem dünnen und den Kürbis aus dem dicken Sperrholz aus. Sägen Sie dabei zuerst den ganzen Kürbis samt der Ausschnitte aus und zersägen Sie ihn erst dann in die drei Teile.
Grundieren Sie alle Teile mit Antikblau. Nach dem Trocknen streichen Sie alles mit Krakelier-Lack ein, lassen diesen trocknen und bemalen die Teile dann wie abgebildet.
Nach dem Trocknen bohren Sie die benötigten Löcher. Die Bohrungen für das Zusammendrahten der Kürbisteile erfolgen von vorne, die Bohrungen für die Einzelblätter und die Draht-Ranken von der Seite.
Für das Zusammendrahten der Kürbisteile stecken Sie jeweils von hinten ein zu einem „U" gebogenes Stück Draht durch die Bohrlöcher, verzwirbeln diesen vorne und locken dann die Drahtenden. Drahten Sie dabei die Seitenteile nicht zu fest an, damit die Seitenteile noch nach vorne gebogen werden können.
Stecken Sie in die Bohrungen der Einzelblätter jeweils ein gelocktes Stück Draht, fixieren Sie ihn darauf und kleben Sie die Drahtenden in die seitlichen Bohrungen des Kürbisses. In der Bohrung von einem Blatt fixieren Sie noch ein zweites Stückchen gelockten Draht als Draht-Ranke. Auch die unteren Blätter verzieren Sie mit Draht-Ranken, die Sie in die jeweiligen seitlichen Bohrungen stecken und fixieren.
Zum Schluss binden Sie das Dreieckstuch um den Kürbisstiel.

Motivgröße

ca. 37 cm x 22 cm

Material

- Sperrholzrest, 8 mm stark
- Sperrholz, 1 cm stark, 42 cm x 30 cm
- Bastelfarbe in Antikblau, Olivgrün und Orange
- Krakelier-Lack
- Stoffdreieck, 44 cm x 30 cm x 30 cm
- Bindedraht, ø 0,65 mm
- Bohrer, ø 1,5 mm

Vorlagenbogen 4A

Kleine Eule

Sägen Sie die Kopffedern und den Schnabel aus dem dünnen und den Rest aus dem dicken Sperrholz aus.
Malen Sie alles laut Abbildung an. Die Augen malen Sie dabei mit einem schwarzen Stift auf. Nach dem Trocknen durchbohren Sie die Flügel im Schulterbereich.
Kleben Sie die Kopffedern auf und führen Sie danach beim Eulenkörper alle Bohrungen laut Vorlage aus. Nageln Sie die Flügel an, hängen Sie die Füße unter den Körper und binden Sie die Klangstäbe an.
Zum Schluss knoten Sie die Paketschnur als Aufhängung an. Dazu fädeln Sie den vorhandenen Faden mithilfe einer Nähnadel durch die entsprechende Bohrung.

Motivgröße

ohne Klangstäbe ca. 18 cm x 24 cm

Material

- Sperrholzrest, 6 mm stark
- Sperrholz, 1 cm stark, 30 cm x 30 cm
- Bastelfarbe in Antikblau, Taubenblau, Scharlachrot, Weiß, Hautfarbe, Orange und Mittelbraun
- 2 Nägel, ø 1,3 mm, 20 mm lang
- 3 Klangstäbe, 14 cm lang
- Nähnadel
- Paketschnur, ø 1,7 mm
- Bindedraht, ø 0,65 mm
- Bohrer, ø 1,5 mm und 3 mm

Vorlagenbogen 1A

Ich verscheuche keinen!

Sägen Sie die Vogelscheuche, deren Hände und das Bodenteil aus dem dicken und die Blüte, die Blütenmitte, den Raben, dessen Schnabel und die Nase der Vogelscheuche aus dem dünnen Sperrholz aus.
Nach dem Bemalen und Trocknen bohren Sie alle benötigten Löcher. Dabei werden die Bohrung im Hut, der Blüte und für die Haarpracht des Raben von der Seite her ausgeführt, die restlichen Bohrungen von vorne.
Fixieren Sie den Schnabel auf dem Raben, kleben Sie seine Haare in die Bohrlöcher und ergänzen Sie die Innenlinien. Stecken Sie ein gelocktes Stück Draht in die Bohrung der zusammengesetzten Blüte, drahten Sie die Hände an und kleben Sie die Nase und den Raben auf. Verzieren Sie die Vogelscheuche mit dem Stoffflicken und drei Knöpfen, durch deren Löcher Sie von hinten etwas dünnen Bindedraht gefädelt haben. Verdrehen Sie alle Drahtenden und formen Sie sie zu Locken.
Bevor Sie die Vogelscheuche auf der Bodenfläche fixieren, verzieren Sie sie noch mit der Holzblüte, etwas Dschungel-Moos und einem Stückchen Strohband, das Sie um deren Unterkörper wickeln.
Zum Schluss schmücken Sie die Bodenfläche mit etwas Stroh, das Sie mit dünnem Bindedraht umwickeln, und der Feder und binden der Vogelscheuche das Dreieckstuch um den Hals.

Meine Tipps

Falls Sie kein Strohband bekommen, können Sie auch Paketschnur benutzen.

Den Zahn malen Sie am besten mit weißem Edding auf.

Motivgröße

ca. 38 cm x 50 cm

Material

- Sperrholzrest, 6 mm stark
- Sperrholz, 1 cm stark, 60 cm x 50 cm
- Bastelfarbe in Antikgrün, Scharlachrot, Schwarz, Olivgrün, Gelbocker, Vanille, Antikblau, Weiß und Hautfarbe
- Dschungel-Moos in Grau
- 3 Knöpfe in Rot, ø 2,8 cm
- Strohband
- 1 Feder in Schwarz
- Stoffrest, 2,5 cm x 3,5 cm
- Stoffdreieck, 30 cm x 19 cm x 19 cm
- Etwas Stroh
- Bindedraht, ø 0,35 mm und 0,65 mm
- Bohrer, ø 1,5 mm
- Edding in Weiß

Vorlagenbogen 1B

Obst auf Rädern

Sägen Sie die Früchte aus dem dicken und die Blätter aus dem dünnen Sperrholz aus.
Bemalen Sie alles wie abgebildet und bohren Sie die Löcher für die Holzräder, die Blätter und das Ziehband in die Motive. Stecken Sie für die Blätter ein „U"-förmig gebogenes Drahtstück von hinten durch die beiden oberen Bohrungen, verzwirbeln Sie die Drahtenden miteinander, fädeln Sie auf jedes ein Blatt auf und drehen Sie dann die Drahtenden zu Locken. Knoten Sie einen Stoffstreifen um die Zwirbelstelle.
Befestigen Sie die Holzräder mit ca. 2,8 cm langen Rundholz-Stücken. Fädeln Sie zum Schluss bei jedem Motiv Paketschnur durch die entsprechende Bohrung und verzieren Sie deren Ende mit einer Holzkugel.

Motivgröße

Birne ca. 12 cm x 7 cm

Material für alle Motive

- Sperrholzrest, 6 mm stark
- Sperrholz, 1 cm stark, 20 cm x 30 cm
- Bastelfarbe in Scharlachrot, Olivgrün, Milchkaffee, Gelbocker, Flieder und Taubenblau
- 3 Holzperlen, ø 2 cm
- 12 Holzräder, ø 3 cm, 8 mm stark, mit einer Bohrung mit ø 4 mm
- Paketschnur, ø 1,3 mm
- Rundholz, ø 4 mm, 16,8 cm lang
- 3 Stoffstreifen, jeweils 1 cm x 13 cm
- Bindedraht, ø 0,65 mm
- Bohrer, ø 1,5 mm, 3 mm und 4,5 mm

Vorlagenbogen 1B

Mein Tipp

Das Obst eignet sich hervorragend als Dekoration für einen herbstlich gedeckten Tisch!

Komm, wir halten dich!

Beschreibung
Seite 18

Komm, wir halten dich!

Abbildung Seite 17

Motivgröße
ca. 43 cm x 40 cm

Material
- Sperrholzrest, 6 mm stark
- Sperrholz, 1 cm stark, 55 cm x 50 cm
- Bastelfarbe in Weiß und Scharlachrot

Vorlagenbogen 2B

Sägen Sie die Nasen aus dem dünnen und die Gespenster aus dem dicken Sperrholz aus.
Beachten Sie beim Versäubern der Kanten, dass der rechte Winkel beim Motiv eingehalten wird. Nach dem Bemalen und Trocknen bekommen die kleinen Gespenster ihre Nasen aufgeklebt.

Wie kalt ist es?

Sägen Sie den Pilz samt Mauskopf und die Bodenfläche aus dem dicken und die Pilzpunkte und die Mauspfoten aus dem dünnen Sperrholz aus.
Grundieren Sie das Holz mit Antikblau, lassen Sie alles trocknen und bestreichen Sie dann sämtliche Teile mit Krakelier-Lack.
Nach dem Trocknen bemalen Sie alle Teile wie abgebildet. Bohren Sie die Löcher für die Barthaare, biegen Sie zwei Stückchen Bindedraht zu einem „U", stecken Sie jedes von hinten durch beide Bohrlöcher auf jeder Seite und biegen Sie die Drahtenden kreisförmig um. Setzen Sie das Motiv zusammen und fixieren Sie das Thermometer mit etwas Klebstoff.
Befestigen Sie den Pilz auf der Standfläche und ergänzen Sie das Dschungel-Moos.

Motivgröße
ca. 23 cm x 32 cm

Material
- Sperrholzrest, 6 mm stark
- Sperrholz, 1 cm stark, 40 cm x 40 cm
- Bastelfarbe in Antikblau, Olivgrün, Weiß, Taubenblau, Hautfarbe und Karminrot
- Krakelier-Lack
- Dschungel-Moos in Grau
- Thermometer für Innen und Außen, ca. 16 cm lang
- Bindedraht, ø 0,65 mm
- Bohrer, ø 1,5 mm

Vorlagenbogen 2B

50
40
30
20
10
0
0
10
20
30

Was ist denn hier los?

Sägen Sie die Hexe, ihre Nase, ihre Hände, die Katze und deren Pfoten aus dem dicken und die Hexenhaare, die Sterne und die Katzennase aus dem dünnen Sperrholz aus. Nach dem Bemalen und Trocknen ergänzen Sie die Innenlinien und bohren alle Löcher. Kleben Sie die Haare, die Nasen, die Hände und die Pfoten an. Achten Sie dabei darauf, dass die Hände, die Nasen und die Pfoten senkrecht aufgeklebt werden.

Stecken Sie die beiden angedrahteten Sterne in das seitliche Loch am Hexenhut und kleben Sie sie fest. Für die Schnurrhaare biegen Sie jeweils ein Stück Draht zu einem „U", stecken dieses von hinten durch beide Löcher auf jeder Seite und biegen die Drahtenden kreisförmig um.

Verzieren Sie die Hexe und die Katze jeweils mit einem Knopf, durch dessen Löcher Sie von hinten ein Stück dünnen Bindedraht gefädelt und dessen Enden Sie verdreht und gelockt haben. Ein kleiner Stoffflicken vervollständigt den Hexenhut.

Motivgröße

Hexe ca. 23 cm x 23 cm

Material

- Sperrholzrest, 6 mm stark
- Sperrholz, 1 cm stark, 40 cm x 35 cm
- Bastelfarbe in Antikblau, Olivgrün, Schwarz, Scharlachrot, Orange, Hautfarbe, Gelbocker und Weiß
- 1 Knopf in Rot, ø 1,3 cm
- 1 Knopf in Olivgrün, ø 2,3 cm
- Stoffrest, 3 cm x 3 cm
- Bindedraht, ø 0,35 mm und 0,65 mm
- Bohrer, ø 1,5 mm

Vorlagenbogen 2B

Mein Tipp

Die Auflagefläche der Motive können Sie durch das Ankleben eines kleinen Stücks einer Vierkantleiste vergrößern und damit einen stabileren Stand ermöglichen.

Tierischer Schirmständer

Sägen Sie alle Teile aus dem Sperrholz aus. Die Maße für die kreisförmigen Ausschnitte entnehmen Sie dem Vorlagenbogen. Bemalen Sie alles wie abgebildet. Die Rückseiten können Sie dabei einfach einfarbig passend zur Vorderseite anmalen. Setzen Sie nach dem Trocknen die Katze und den Hund zusammen. Bohren Sie für die Schnurrhaare der Katze die Löcher, stecken Sie von hinten drei „U"-förmig gebogene Drahtstücke durch jeweils zwei Löcher und biegen Sie die Drahtenden zu Locken.
Kleben Sie die untere Lochplatte auf die wellenförmig ausgesägte Bodenplatte. Kleben Sie dann wie eingezeichnet die unteren Stege auf die untere Lochplatte. Jetzt fixieren Sie den Hund von hinten gegen die untere Lochplatte. Als nächstes kleben Sie die beiden oberen Stege von unten gegen die obere Lochplatte und lassen alles trocknen. Legen Sie den Hund waagrecht auf den Rücken (dazu können Sie den Hund auf einen Tisch legen und die Bodenplatte über die Tischkante stehen lassen) und fixieren Sie die obere Lochplatte auf Schulterhöhe. Nach einem weiteren Trocknen kleben Sie die Katze an der unteren und oberen Lochplatte fest.
Um zusätzlichen Halt zu bekommen, können Sie im Bereich der unteren Stege und der Bodenplatte die Teile miteinander verschrauben. Zum Verschrauben bohren Sie dazu die Holzteile laut Vorlagenbogen vor.
Zum Schluss erhält die Katze den Schirm angeklebt und die Schelle mit Paketschnur umgebunden.
Den Tontopfuntersetzer stellen Sie in das ausgesägte Loch der unteren Lochplatte. Er dient zum Auffangen des Regenwassers der nassen Schirme.

Mein Tipp
Sie können statt der Schrauben auch kleine Drahtnägel (ø 1,3 mm, 20 mm lang) verwenden!

Motivgröße
ca. 33 cm x 48 cm x 33 cm

Material
- Sperrholz, 1 cm stark, 100 cm x 60 cm
- Bastelfarbe in Hautfarbe, Mittelbraun, Schwarz, Weiß, Altrosa, Ultramarinblau, Taubenblau und Antikgrün
- 4 Schrauben (Senkkopf), ø 3,5 mm, 30 mm lang (falls Sie den Schirmständer miteinander verschrauben)
- Paketschnur, ø 1,7 mm
- Tontopfuntersetzer, ø 12 cm
- Messingschelle, ø 22 mm
- Bindedraht, ø 0,65 mm
- Bohrer, ø 1,5 mm, 2 mm und 4 mm

Vorlagenbogen 3A und 3B

Mein Tipp
Für ein sicheres Stehen Ihrer Gespenster arbeiten Sie die Standflächen und die Standkante so exakt wie möglich. Unebenheiten können das Motiv zum Wackeln bringen. Falls Ihr Gespenst nach dem Ankleben der Standteile dennoch umkippt, feilen Sie das Standteil etwas schräg nach hinten ab.

Zwei müde Gesellen

Sägen Sie die beiden Gespenster und die vier Standteile aus dem dicken und die Nasen aus dem dünnen Sperrholz aus.
Malen Sie alle Teile mit Antikblau an und lassen Sie sie trocknen. Lackieren Sie alle Teile mit Krakelier-Lack, lassen Sie diesen ebenfalls trocknen und bemalen Sie dann alles wie abgebildet.
Zum Schluss kleben Sie die Nasen und die Standteile an.

Motivgröße

Sitzendes Gespenst
ca. 25 cm x 26 cm

Material für beide Motive

- Sperrholzrest, 6 mm stark
- Sperrholz, 1 cm stark, 50 cm x 45 cm
- Bastelfarbe in Karminrot, Antikblau und Weiß
- Krakelier-Lack

Vorlagenbogen 2A

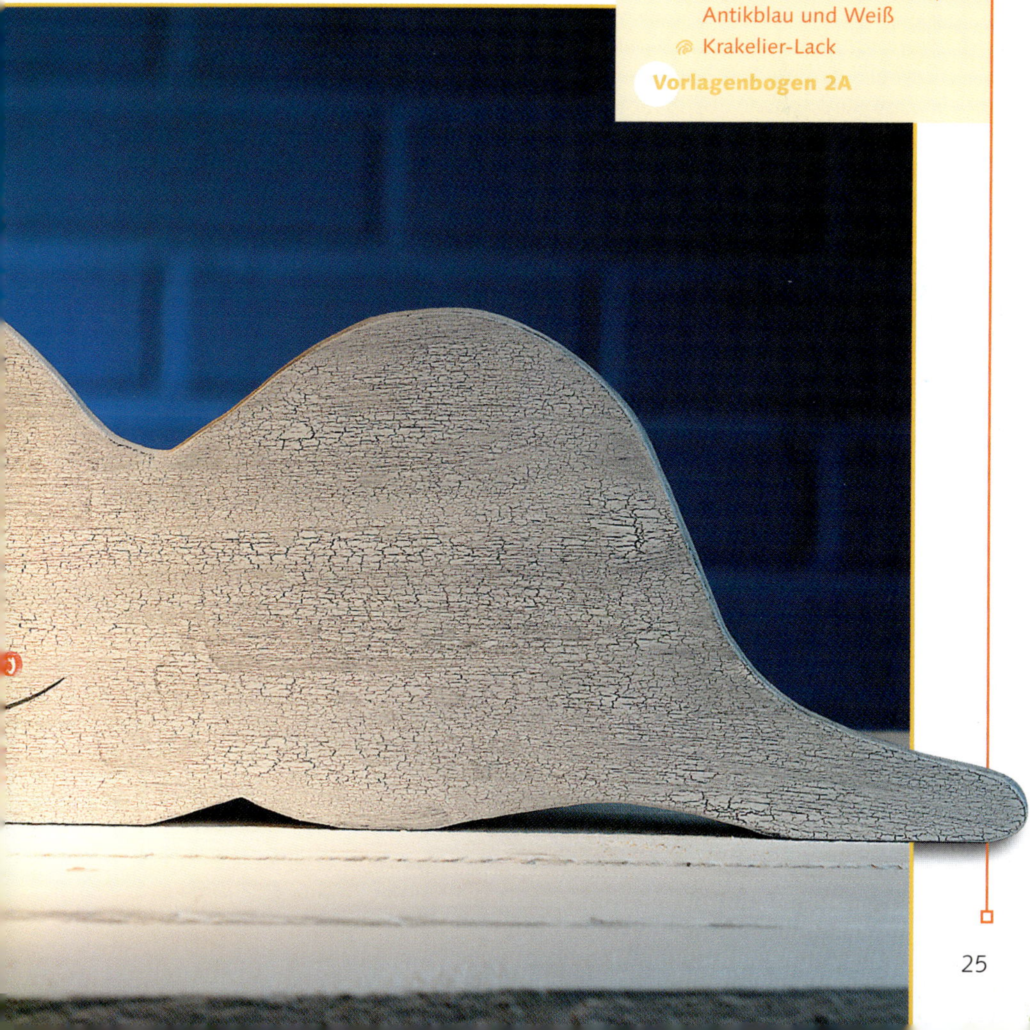

Motivgröße
ca. 16 cm x 9 cm

Material für drei Fledermäuse
- Sperrholz, 1 cm stark, 20 cm x 35 cm
- Bastelfarbe in Schwarz und Mittelgelb
- Bindedraht, ø 1,4 mm
- Bohrer, ø 1,5 mm
- Edding in Weiß

Vorlagenbogen 1B

Fledermaus-Tanz

Sägen Sie alle Teile aus und bemalen Sie sie wie abgebildet.
Führen Sie die Bohrungen aus und biegen Sie ein ca. 24 cm langes Stück Draht in die gewünschte Form. Stecken Sie den Draht in die Bohrung der Fledermaus, fixieren Sie ihn dort und ergänzen Sie am anderen Drahtende den Stern.

Leuchte, kleine Laterne!

Sägen Sie die Tasche mit der Maus und den Stern für den Hut aus dem dünnen und den Rest aus dem dicken Sperrholz aus.
Malen Sie alles wie abgebildet an. Für die Nase geben Sie etwas Scharlachrot in die noch feuchte Gesichtsfarbe.
Führen Sie die Bohrungen aus und setzen Sie die Hexe zusammen.
Bevor Sie die Tasche fixieren, müssen Sie der Maus ihre Barthaare verpassen. Dazu stecken Sie von hinten pro Seite ein „U"-förmig gebogenes Stück Bindedraht (ø 0,65 mm) durch die Bohrlöcher und biegen die Drahtenden kreisförmig um. Biegen Sie den dicken Draht zu einem Laternenstock, stecken Sie ihn in die Handbohrung, fixieren Sie ihn dort und ergänzen Sie den Stoffflicken. Das Stoffdreieck drahten Sie in der Mitte mit dünnem Bindedraht zusammen und kleben es an.
Bekleben Sie die Standfläche mit den drei Sternen und fixieren Sie die Hexe darauf.
Dann hängen Sie die Laterne an den Laternenstock. Ein kleines Teelicht lässt die Laterne erstrahlen. Verwenden Sie für den Laternenstock wirklich dicken Draht, denn die Laterne und das Teelicht haben doch etwas Gewicht.

Motivgröße
ca. 40 cm x 48 cm

Material
- Sperrholzrest, 6 mm stark
- Sperrholz, 1 cm stark, 60 cm x 55 c
- Bastelfarbe in Olivgrün, Mittelbraun, Mittelgelb, Orange, Taubenblau, Ultramarinblau, Schwarz, Scharlachrot, Karminrot, Weiß, Altrosa und Hautfarbe
- Stoffdreieck, 20 cm x 12 cm x 12 cm
- Stoffrest, 2,5 cm x 3 cm
- Metalllaterne, 6 cm x 11,5 cm x 6 c
- Bindedraht, ø 0,35 mm, 0,65 mm und 1,4 mm
- Bohrer, ø 1,5 mm
- Edding in Weiß

Vorlagenbogen 4B

Achtung!
Lassen Sie das Teelicht niemals unbeaufsichtigt brennen!

Hereinspaziert!

Sägen Sie die Oma, ihre Arme und die Bodenfläche aus dem dicken und die Haare, die Nase und das Herz aus dem dünnen Sperrholz aus. Aus der Bodenfläche sägen Sie eine kreisförmige Fläche aus.
Grundieren Sie alle Teile mit Antikblau. Nach dem Trocknen streichen Sie alles mit Krakelier-Lack ein, lassen diesen trocknen und bemalen die Teile dann wie abgebildet. Den Farbton Schilf benötigen Sie dabei für die verdeckten Füße.
Bevor Sie die Arme annageln, durchbohren Sie eine Hand von der Seite und beide Arme im Schulterbereich von vorne.
Bohren Sie für die Haarnadeln vier seitliche Löcher in den Dutt und kleben Sie die aus dickem Bindedraht geformten Haarnadeln hinein.
Fixieren Sie die Haare, die Nase, die aus dickerem Bindedraht gebogene Brille, den Stoffkragen und den Perlmuttknopf, durch dessen Löcher Sie von hinten dünnen Bindedraht gesteckt, diesen vorne verzwirbelt und dessen Enden Sie dann zu Locken gedreht haben. Ein mit dünnem Draht umwickelter Stoffstreifen schmückt das beschriftete Herz. Das Herz hängen Sie an den mitteldicken Draht, stecken diesen durch die seitliche Bohrung der Hand und locken die Drahtenden. Befestigen Sie die Oma auf der Standfläche, verzieren Sie diese mit etwas Dschungel-Moos und stellen Sie einen bepflanzten Tontopf in die Aussparung der Standfläche.

Motivgröße
ca. 28 cm x 41 cm

Material
- Sperrholzrest, 8 mm stark
- Sperrholz, 1 cm stark, 60 cm x 55 cm
- Bastelfarbe in Antikblau, Antikgrün, Taubenblau, Hautfarbe, Altrosa, Karminrot, Schilf und Weiß
- Krakelier-Lack
- 2 Nägel, ø 1,3 mm, 20 mm lang
- 1 Knopf in Perlmutt-Rosa, ø 2,3 cm
- Stoffstreifen, 1 cm x 24 cm
- Stoffrest, 10 cm x 4 cm
- Dschungel-Moos in Grau
- Tontopf mit Untersetzer, ø 8 cm
- Edding in Weiß
- Bindedraht, ø 0,35 mm, 0,65 mm und 1,4 mm
- Bohrer, ø 1,5 mm

Vorlagenbogen 4A

Herein-
spaziert!

Hallo!

Abbildung auch Seite 3

Motivgröße

ca. 25 cm x 21 cm

Material

- Sperrholzrest, 6 mm stark
- Sperrholz, 1 cm stark, 26 cm x 22 cm
- Bastelfarbe in Schwarz und Orange
- Bindedraht, ø 0,65 mm
- Bohrer, ø 1,5 mm
- Edding in Weiß

Vorlagenbogen 3B

Sägen Sie den Schnabel und den Flügel aus dem dünnen und den Raben und sein separates Bein aus dem dicken Sperrholz aus. Nach dem Bemalen und Trocknen bohren Sie das Loch für das Drahthaar und kleben den Schnabel, den Flügel und das Bein an. Achten Sie darauf, dass das Bein genau senkrecht angebracht wird. Zum Schluss kleben Sie die Drahtlocke in das vorgebohrte Loch.

Herbstzeit

Sägen Sie den Schnabel und das Blatt aus dem dünnen und den Schirm, die Gans und die Bodenfläche aus dem dicken Sperrholz aus. Bemalen Sie alles wie abgebildet und führen Sie alle Bohrungen aus. Beachten Sie dabei, dass der Schirm und der Flügel nicht ganz durchgebohrt werden müssen! Der einzelne Flügel erhält von vorne eine Bohrung im Schulterbereich.

Der Schirmstiel besteht aus dickem Draht und wird aus drei Teilen zusammengesetzt. Kleben Sie zuerst die Schirmspitze fest und danach den Stiel zwischen den Flügel und den Schirm. Ergänzen Sie von unten das Stielende. Bringen Sie die Haare und den Schnabel an und nageln Sie den Flügel an – allerdings nicht zu fest, weil er seitlich noch beweglich sein soll. Hängen Sie das beschriftete Blatt an ein Stückchen Draht, stecken Sie diesen durch die seitliche Bohrung des Flügels und locken Sie die Drahtenden.

Kleben Sie die Gans auf die Standfläche und binden Sie ihr das Dreieckstuch um.

Motivgröße

ca. 33 cm x 28 cm

Material

- Sperrholzrest, 6 mm stark
- Sperrholz, 1 cm stark, 42 cm x 45 cm
- Bastelfarbe in Weiß, Ultramarinblau, Olivgrün und Orange
- 1 Nagel, ø 1,3 mm, 20 mm lang
- Stoffdreieck, 24 cm x 24 cm x 36 cm
- Bindedraht, ø 0,65 mm und 1,4 mm
- Bohrer, ø 1,5 mm

Vorlagenbogen 1A

Herbst-
zeit

Drei kleine Kürbisse

Sägen Sie die Kürbisse aus, bemalen Sie sie wie abgebildet und bohren Sie nach dem Trocknen die benötigten Löcher. Hängen Sie die Kürbisse mit dünnem Bindedraht untereinander, für die Aufhängung nehmen Sie dicken Draht.

Motivgröße

Oberer Kürbis ca. 8 cm x 8 cm

Material für alle drei Kürbisse

- Sperrholz, 1 cm stark, 20 cm x 30 cm
- Bastelfarbe in Orange, Scharlachrot, Olivgrün, Mittelgelb und Schilf
- Bindedraht, ø 0,65 mm und 1,4 mm
- Bohrer, ø 1,5 mm und 3 mm

Vorlagenbogen 4B